Kleine Kuchen

fantasievoll und praktisch

Elisabeth Bangert

Kleine Kuchen

fantasievoll und praktisch

EDITION XXL

VORWORT

Ganz ehrlich, ärgern Sie sich nicht auch, wenn bei einer Kaffeetafel, ob zum Geburtstag oder zu sonstigen Anlässen, jede Menge Kuchen und Torten übrig bleiben?

Für 6–8 Personen würde doch eine Torte ausreichen! Aber wer will schon, wenn er Gäste hat, nur „einen Kuchen" auf den Tisch stellen? Ich brauche gar nicht nachzufragen, denn das macht niemand. Und hinterher – wohin mit den schönen Kuchen- und Tortenresten?

Hier ist die Lösung: Die Kuchen werden nur halb so groß gebacken!
Da man aber nicht jedes Rezept einfach nur halbieren kann, habe ich verschiedene Rezepte ausprobiert und für „Kleine Kuchen" neu geschrieben.

In vielen Fällen reicht ein einfacher Tortenring, um zum Beispiel einen Biskuitboden mit nur 18 cm Durchmesser zu backen. Der Handel bietet inzwischen sehr schöne kleine Kuchenformen an. Einige Hersteller haben das Problem ebenfalls bereits erkannt und Kuchenformen mit dem Hinweis „Back die Hälfte" in dem Handel gebracht.

Die kleinen Kuchen sind nicht nur wirtschaftlicher, sondern sehen auch noch sehr schön aus. Sie werden Ihre Gäste mit einer kleinen Sahnetorte sicherlich verblüffen.

Vielleicht suchen Sie gerade ein sinnvolles Geschenk für eine liebe Freundin? Sie wird sich sicher zum Beispiel über eine Kuchenform freuen, mit der man sechs kleine Königskuchen auf einmal backen kann und trotzdem nur die Hälfte der Teigmenge benötigt.

Viel Spaß beim Backen wünscht Ihnen Ihre

Elisabeth Bangert.

INHALT

Ratgeber	*10 – 11*
Fantasievolle Rührkuchen	*12 – 35*
Rührkuchen mit Obst	*36 – 49*
Mürbteig mal anders	*50 – 57*
Hefeteig einfach gut	*58 – 63*
Biskuit mit Obst und Sahne	*64 – 83*

RATGEBER

Einfetten

Ein sehr wichtiger Punkt! Auch wenn der Kuchen noch so schön gebacken ist, sich dann aber nicht aus der Form löst, war die Mühe umsonst.

Von den Kuchenformherstellern wird immer wieder betont, dass man die beschichteten Formen nicht einzufetten braucht, Sie sollten es dennoch tun. Es ist einfach sicherer, und nach dem Backen lässt sich das Backwerk leichter aus der Form lösen.
Springformen mit flachem Boden kann man auch mit Backpapier auslegen. Das ist die einfachste Möglichkeit, nach dem Backen den Kuchen aus der Form zu lösen. Leider ist dies zum Beispiel bei Gugelhupfformen nicht möglich. Aber gerade solche Formen geben oft das Backwerk nicht heraus.

Es gibt verschiedene Möglichkeiten, die Voraussetzung zu schaffen, dass sich der Kuchen leichter aus der Form löst. Etwas weiche Margarine auf einen kleinen Teller geben und mit einem Kuchenpinsel die Form innen komplett auspinseln. Inzwischen wird auf dem Markt ein Spray zum Einfetten angeboten. Das Backspray ist nicht billig und sollte aus Umweltgründen nicht bevorzugt werden.

Wer ganz sicher gehen will, kann die eingefettete Form zusätzlich mit Paniermehl oder Mehl bestäuben. Hier sollte man aber darauf achten, dass bei einem dunklen Kuchen das Paniermehl oder Mehl nach dem Backen noch sichtbar ist. Wenn der Kuchen weder eine Glasur erhalten noch mit Puderzucker bestäubt werden soll, sollte man darauf verzichten.

In schwierigen Fällen hilft nur noch, den Kuchen mit der Form auf ein Kuchengitter zu stürzen und auf die Kuchenform ein kaltes nasses Tuch zu legen. Den Vorgang eventuell wiederholen und leicht mit der flachen Hand auf die Form klopfen. Nicht zu fest, sonst reißt der Kuchen ab. Bei Biskuitteigen die Kuchenform nicht einfetten. Der Teig nimmt das Fett beim Backen auf und fällt zusammen.

Auf keinen Fall darf man Öl zum Einfetten verwenden. Durch die hohe Backtemperatur kann es einen klebrigen Film hinterlassen. Die nächsten Kuchen kleben dann in der Form fest.

Eier

Achten Sie unbedingt auf die Größe der Eier. In der Regel werden Eier der Größe M und L angeboten. Bei einem Kuchen mit mehreren Eiern hat man bei der größeren Größe L schnell mehr Flüssigkeit, als man glaubt. In der Regel kann man das mit der restlichen Flüssigkeit ausgleichen. Am besten ist, wenn Sie sich an die bei den Rezepten angegebene Eiergröße halten

Eischnee

Voraussetzung für einen schönen festen Eischnee sind ein absolut fettfreier Schneebesen und eine fettfreie Schüssel. Das Eiklar langsam anschlagen, gegebenenfalls Zucker dazugeben und schnell weiterschlagen. Zum Schluss wieder langsamer schlagen.

RATGEBER

Gelatine

Im Angebot sind Blätter oder gemahlene Gelatine. Sie besteht aus Collagen, das aus Knochen hergestellt wird. Verwendet wird Gelatine, um Sahne, Cremes oder sonstigen Füllungen die erforderliche Festigkeit zu geben. Aber Vorsicht, verschiedene Früchte wie zum Beispiel Ananas, Kiwi, Mango oder Papaya lassen sich roh nicht mit Gelatine verarbeiten. Durch ein Enzym, das die Früchte enthalten, verflüssigt sich die Gelatine wieder. Diese Früchte kann man mit Gelatine nur zum Gelieren bringen, wenn man sie vorher blanchiert.

Kuchenformen

Ärgern Sie sich nicht, wenn Sie keine kleinen Kuchenformen besitzen. Wenn Sie das nächste Mal gefragt werden, was Sie sich zum Geburtstag wünschen, haben Sie doch schon eine Idee.

Inzwischen können Sie sich gut helfen. Die kleine **Springform** kann man durch einen Tortenring ersetzen. Er lässt sich in beliebiger Größe einstellen. Auf ein Backblech Backpapier legen, den Tortenring darauf stellen und das Backpapier rund um den Ring einfach umkrempeln, dann kann nichts herauslaufen.

Die Backform mit 5 Herzen können Sie durch eine einfache Springform mit 24 cm Durchmesser oder den Tortenring ersetzen, der Kuchen ist dann einfach nur rund. 4 solcher kleinen **Königskuchen-Backformen** entsprechen einer Kastenform 30 cm x 11 cm. Diese ist in den meisten Haushalten vorrätig.

Die **Minikuchen-Backform** für 6 Königskuchen entspricht der Teigmenge einer Kastenform 30 cm x 11 cm.

Ganz toll, aber etwas spezieller ist diese 6er Minikuchenform mit 3 x 2 verschiedenen **Kuchenformen des Herstellers Nordic Ware**. Die Teigmenge des Rezeptes „Herren-Rumkuchen" passt auch in eine Kastenform 25 cm x 10 cm.

Wichtig ist bei allen beschichteten Backformen, dass man nie versucht, mit einem spitzen oder scharfen Gegenstand die Kuchen aus der Form zu lösen. Ist die Beschichtung einmal beschädigt, bleibt der Kuchen an diesen Stellen immer hängen.

FANTASIEVOLLE RÜHRKUCHEN

Zutaten

für eine 6er Königskuchenform

Für den Teig:
1/8 l Pflanzenöl
110 g Puderzucker
1/2 Päckchen Vanillinzucker
2 Eier Größe L
65 g Mehl Type 405
60 g Speisestärke
1 Prise Salz
2 TL Backpulver
1/8 l Eierlikör

Zum Verzieren:
Puderzucker

Zubereitung

1. Den Backofen auf 190° C, Umluft 160° C, Gas Stufe 2 vorheizen.

2. Die Eier, den Puderzucker und den Vanillinzucker mit den Schneebesen des Handrührgerätes zu einer weißlichen Creme aufschlagen.

3. Das Öl und den Eierlikör nacheinander in einem dünnen Strahl unter Rühren in den Teig fließen lassen.

4. Das Mehl und das Backpulver in eine Schüssel sieben, die Speisestärke und das Salz untermischen, zum Teig geben und zügig unterrühren.

5. Die Kuchenform mit Butter oder Margarine auspinseln und bemehlen. Den Teig in die Vertiefungen der Form füllen, gleich in den Backofen schieben und ca. 20–25 Minuten backen.

6. Nach Ablauf der Backzeit aus dem Ofen nehmen. Die Kuchen 10 Minuten in der Form ruhen lassen, dann herausnehmen und zum Abkühlen auf ein Kuchengitter setzen. Vor dem Servieren mit Puderzucker bestäuben.

TIPP

Bei diesen Kuchen wird Öl anstelle von Butter oder Margarine als Geschmacksträger benutzt. Das macht sie besonders saftig und länger haltbar.

Eierlikörkuchen

FANTASIEVOLLE RÜHRKUCHEN

Zutaten

für je eine Lamm- und Hasenform

Für den Teig:
125 g Butter
125 g Zucker
1/2 Päckchen Vanillinzucker
2 Eier Größe M
1 Prise Salz
120 g Mehl Type 405
120 g Speisestärke

Zum Verzieren:
Puderzucker

Zubereitung

1. Den Backofen auf 180° C, Umluft 160° C, Gas Stufe 2 vorheizen. Die beiden Formen auseinander nehmen, gut einfetten, mit Mehl bestäuben und wieder zusammensetzen.

2. Die Butter, den Zucker und den Vanillinzucker mit den Schneebesen des Handrührgerätes schaumig rühren, bis sich der Zucker aufgelöst hat. Die Eier nach und nach unterschlagen.

3. Das Mehl zusammen mit der Speisestärke in eine Schüssel sieben, mit einer Prise Salz zur Eiermasse geben und zu einem glatten Teig rühren. Nicht zu lange rühren, sonst wird der Teig zäh.

4. Den Teig in die beiden Formen füllen, aufrecht stehend in den Backofen schieben und ca. 20–25 Minuten backen. Nach Ablauf der Backzeit herausnehmen, die Figuren 10 Minuten in den Formen ruhen lassen, danach herauslösen und zum Abkühlen auf ein Kuchengitter stellen.

5. Die Kuchen nach dem Erkalten noch mit Puderzucker überstäuben.

TIPP

Sehr schön sehen die beiden Figuren auch aus, wenn man sie mit einer Glasur überzieht, beispielsweise das Lamm mit heller und den Hasen mit dunkler Glasur. Mit Lebensmittelfarbe kann man auch noch Gesichter und Konturen nachzeichnen.

Osterlamm und -hase

FANTASIEVOLLE RÜHRKUCHEN

Zutaten

für eine 6er Minikuchenform

125 g weiche Butter
125 g Zucker
50 g Marzipanrohmasse
1 Päckchen Vanillinzucker
2 Eier Größe M
60 g Mehl Type 405
65 g Speisestärke
10 g Kakao
1/2 TL Backpulver
2 EL Rum

Zubereitung

1. Den Backofen auf 190° C, Umluft 160° C, Gas Stufe 2 vorheizen.

2. Das Marzipan mit den Schneebesen des Handrührgerätes zerkleinern, dann die Butter, den Zucker und den Vanillinzucker dazugeben und schaumig schlagen. Die Eier nach und nach hinzufügen.

3. Das Mehl und das Backpulver in eine Schüssel sieben. Die Speisestärke untermischen. Zum Schluss den Kakao dazusieben und das Ganze mit einem Holzrührlöffel vermischen. Das Mehlgemisch in die Eiermasse einrühren, den Rum dazugeben und alles zügig zu einem glatten Teig rühren.

4. Die Backform gut ausfetten, damit nichts in den feinen Rillen hängen bleibt.

Den Teig einfüllen, in den Backofen schieben und ca. 45 Minuten backen.

5. Nach Ablauf der Backzeit aus dem Ofen nehmen, die Kuchen 10 Minuten ruhen lassen, dann aus der Form lösen und zum Abkühlen auf ein Kuchengitter setzen.

Der „Geist" dieser Kuchen kann natürlich jederzeit durch die bevorzugte Spirituose ersetzt werden.

Eine willkommene Abwechslung für den nächsten Skatabend oder für alle, die keine zu süßen Kuchen mögen.

Herren-Rumkuchen

FANTASIEVOLLE RÜHRKUCHEN

Zutaten

für ein Kinderbackset

Für den Teig:
50 g weiche Butter
50 g Zucker
1 Ei Größe M
50 g Mehl Type 405
1 EL Speisestärke
1/2 TL Backpulver
75 g Puderzucker
1 1/2 EL Milch
30 g Schokoladentröpfchen

Zum Verzieren:
Aprikosengelee
Zuckerblumen

Zubereitung

1. Den Backofen auf 180° C, Umluft 160° C, Gas Stufe 2 vorheizen.

2. Die Butter und den Zucker mit den Schneebesen des Handrührgerätes cremig schlagen, das Ei dazugeben und alles schaumig rühren.

3. Das Mehl mit dem Backpulver und der Speisestärke in eine Schüssel sieben. Die Mehlmischung zügig in die Eiermasse einrühren und alles zu einem glatten Teig verarbeiten. Die Schokotröpfchen mit einem Rührlöffel unterheben.

4. Die Förmchen mit Butter oder Margarine gut einpinseln und den Teig einfüllen, mit einem Löffel glatt streichen.

5. In den Backofen schieben und ca. 30–35 Minuten backen. Nach Ablauf der Backzeit aus dem Ofen nehmen. Die Kuchen 10 Minuten ruhen lassen, danach aus den Förmchen lösen und zum Abkühlen auf ein Kuchengitter setzen.

6. Wenn die Kuchen erkaltet sind, das Aprikosengelee bei schwacher Hitze schmelzen und die Kuchen rundherum damit einpinseln. Zum Schluss mit den Zuckerblumen dekorieren.

TIPP

Sehr hübsch sehen die Kuchen auch aus, wenn sie mit Zuckerschrift verziert werden. Damit lassen sich beispielsweise die Konturen des Teddybären besonders gut nachzeichnen.

Kinderkuchen

FANTASIEVOLLE RÜHRKUCHEN

Zutaten

für eine 16-cm-Gugelhupfform

Für den Teig:
125 g weiche Butter
125 g Zucker
1 Päckchen Vanillinzucker
2 Eier Größe M
1 Prise Salz
125 g Mehl Type 405
1/2 Päckchen Backpulver
1 TL Kakao
1/2 TL Zimt
75 g Schokotröpfchen
6 cl Rotwein

Zum Verzieren:
dunkle Schokoladenglasur
Schokoladenspäne

Zubereitung

1. Den Backofen auf 180° C, Umluft 160° C, Gas Stufe 2 vorheizen.

2. Die Butter und den Zucker mit den Schneebesen des Handrührgerätes schaumig schlagen. Die Eier nach und nach dazugeben.

3. Das Mehl mit dem Backpulver und dem Kakao in eine Schüssel sieben, den Zimt hinzufügen, das Ganze vermischen und mit einer Prise Salz zum Teig geben. Den Rotwein dazugießen und alles zu einem glatten Teig rühren. Die Schokotröpfchen mit einem Rührlöffel unterheben.

4. Die Backform mit Butter oder Margarine gut ausfetten, den Teig einfüllen, in den Backofen schieben und ca. 40–45 Minuten backen.

5. Nach Ablauf der Backzeit den Kuchen aus dem Ofen nehmen, 10 Minuten ruhen lassen, dann aus der Form lösen und zum Abkühlen auf ein Kuchengitter setzen.

6. Nach dem Erkalten die Schokoladenglasur schmelzen und den Kuchen rundherum damit bestreichen, die Schokoladenspäne darüber streuen und die Glasur fest werden lassen.

TIPP

Bei Glasuren oder Kuvertüren, die im Wasserbad geschmolzen werden, immer darauf achten, dass kein Wasser hineingelangt. Schon ein einziger Tropfen lässt sie hart werden.

Rotweinkuchen

FANTASIEVOLLE RÜHRKUCHEN

Zutaten

für 4 Königskuchenformen à 15 cm

125 g Butter
125 g Zucker
1 Päckchen Vanillinzucker
3 Eier Größe M
1 Prise Salz
300 g Mehl Type 405
1 Päckchen Backpulver
2 TL Kakao
125 ml Milch
80 g Schokoladenstücke
80 g Kokosflocken

Zubereitung

1. Den Backofen auf 190° C, Umluft 160° C, Gas Stufe 2 vorheizen.

2. Die Butter, den Zucker und den Vanillinzucker mit den Schneebesen des Handrührgerätes schaumig rühren. Die Eier nach und nach unterschlagen.

3. Das Mehl zusammen mit dem Backpulver in eine Schüssel sieben, mit einer Prise Salz zur Eiermasse geben und mit der Milch zu einem glatten Teig rühren. Nicht zu lange rühren, sonst wird der Teig zäh.

4. Den Teig in zwei Hälften teilen. Über die eine Hälfte den Kakao sieben und zusammen mit den Kokosflocken unterrühren. Für die andere Hälfte die Schokolade mit einem scharfen Messer grob zerhacken und unter den hellen Teig mischen.

5. Die Kuchenformen mit Butter oder Margarine auspinseln und bemehlen. Auf einer Seite der Form den dunklen Teig einfüllen, auf der anderen Seite den hellen Teig. Um die Teigsorten beim Einfüllen getrennt voneinander zu halten, eignet sich ein Teigschaber sehr gut. Man kann aber auch ein Stück Backpapier dazwischenhalten und vor dem Backen wieder herausziehen.

6. Die Formen gleich in den Backofen schieben und ca. 20–25 Minuten backen. Nach Ablauf der Backzeit herausnehmen, die Kuchen 10 Minuten in der Form ruhen lassen und danach zum Abkühlen auf ein Kuchengitter legen.

TIPP

Schokolade bleibt gerade zur Oster- und Weihnachtszeit in Form von Hasen und Nikoläusen übrig. Grob zerbröckelt und in einem Vorratsbehälter gesammelt, finden sie hier ihre neue Verwendung.

Kokos-Schoko-Kästchen

FANTASIEVOLLE RÜHRKUCHEN

Zutaten

für eine 16-cm-Napfkuchenform

Für den Teig:
100 g Butter
100 g Zucker
1/2 Päckchen Vanillinzucker
150 g Mehl Type 405
1/2 Päckchen Vanillepudding
1/2 Päckchen Backpulver
1 Prise Salz
2 Eier Größe M
125 ml Milch
1–2 TL Kakao

Zum Verzieren:
Puderzucker

Zubereitung

1. Den Backofen auf 190° C, Umluft 160° C, Gas Stufe 2 vorheizen.

2. Die Butter, den Zucker und den Vanillinzucker mit den Schneebesen des Handrührgerätes schaumig rühren, bis sich der Zucker aufgelöst hat. Die Eier nach und nach unterschlagen.

3. Das Mehl zusammen mit dem Backpulver und dem Vanillepuddingpulver in eine Schüssel sieben, mit einer Prise Salz zur Eiermasse geben und mit der Milch zu einem glatten Teig rühren. Nicht zu lange rühren, sonst wird der Teig zäh.

4. Den Teig in zwei Hälften teilen. Über die eine Hälfte den Kakao sieben und unterrühren.

5. Die Kuchenform mit Butter oder Margarine auspinseln und mit Semmelbröseln ausstreuen.

6. Zuerst den hellen und dann den dunklen Teig in die Form geben. Mit einer Gabel in der Mitte des dunklen Teiges ansetzen und rechtsherum in den hellen Teig drehen, dadurch entsteht im Inneren die Marmorierung. Je mehr man dreht, umso „marmorierter" wird der Kuchen.

7. Die Form gleich in den Backofen schieben und ca. 35 Minuten backen.

8. Nach Ablauf der Backzeit herausnehmen, den Kuchen 10 Minuten in der Form ruhen lassen und danach zum Abkühlen auf ein Kuchengitter setzen.

9. Vor dem Servieren den Kuchen mit Puderzucker überstäuben.

TIPP

Das Ausstreuen mit Semmelbröseln verhindert, dass der Kuchen beim Stürzen in den Vertiefungen der Form hängen bleibt.

Marmorkuchen

FANTASIEVOLLE RÜHRKUCHEN

Zutaten

für eine 6er Königskuchenform

Für den Teig:
125 g Butter
125 g Zucker
1/2 Päckchen Vanillinzucker
3 Eier Größe M
1 Prise Salz
250 g Mehl Type 405
2 TL Backpulver
60 ml Milch
120 g Rosinen

Zum Verzieren:
weiße Schokoladenglasur
Raspelschokolade

Zubereitung

1. Die Rosinen unter kaltem Wasser abspülen, in einer kleinen Schale in heißem Wasser einweichen und beiseite stellen. Den Backofen auf 190° C, Umluft 160° C, Gas Stufe 2 vorheizen.

2. Die Butter, den Zucker und den Vanillinzucker mit den Schneebesen des Handrührgerätes schaumig rühren. Die Eier nach und nach unterschlagen.

3. Das Mehl zusammen mit dem Backpulver in eine Schüssel sieben, mit einer Prise Salz zur Eiermasse geben und mit der Milch zu einem glatten Teig rühren. Nicht zu lange rühren, sonst wird der Teig zäh.

4. Die Rosinen abgießen und mit Küchenpapier trockentupfen. Am besten mit einem Rührlöffel unter den Teig heben.

5. Die Kuchenform mit Butter oder Margarine auspinseln, bemehlen und den Teig in die Vertiefungen füllen. Die Form gleich in den Backofen schieben und ca. 20–25 Minuten backen. Nach Ablauf der Backzeit herausnehmen, die Kuchen 10 Minuten in der Form ruhen lassen und danach zum Abkühlen auf ein Kuchengitter legen.

6. Die Schokoladenglasur im heißen Wasserbad erwärmen. Die Kuchen sofort an den Seiten damit bestreichen und mit Raspelschokolade bestreuen.

TIPP

Rosinen, Sultaninen oder Korinthen sollten Sie grundsätzlich unter fließendem Wasser waschen und dann einweichen. Eine Variante ist das Einweichen in Rum. Das verleiht Kuchen und Gebäck einen ganz besonderen Geschmack.

Rosinenkuchen

FANTASIEVOLLE RÜHRKUCHEN

Zutaten

für eine 6er Königskuchenform

Für den Teig:
125 g Butter
125 g Zucker
1/2 Päckchen Vanillinzucker
3 Eier Größe M
1 Prise Salz
250 g Mehl Type 405
2 TL Backpulver
2–3 TL Kakao
60 ml Milch
120 g getrocknete Feigen

Zum Verzieren:
6 EL Apfelgelee

Zubereitung

1. Die Feigen mit einem scharfen Messer in grobe Würfel schneiden und beiseite stellen. Den Backofen auf 190° C, Umluft 160° C, Gas Stufe 2 vorheizen.

2. Die Butter, den Zucker und den Vanillinzucker mit den Schneebesen des Handrührgerätes schaumig rühren. Die Eier nach und nach unterschlagen.

3. Das Mehl zusammen mit dem Backpulver und dem Kakao in eine Schüssel sieben, mit einer Prise Salz zur Eiermasse geben und mit der Milch zu einem glatten Teig rühren. Nicht zu lange rühren, sonst wird der Teig zäh.

4. Die Feigenwürfel mit einem Rührlöffel unter den Teig heben.

5. Die Kuchenform mit Butter oder Margarine auspinseln, bemehlen und den Teig in die Vertiefungen füllen. Die Form gleich in den Backofen schieben und ca. 20–25 Minuten backen. Nach Ablauf der Backzeit herausnehmen, die Kuchen 10 Minuten in der Form ruhen lassen und danach zum Abkühlen auf ein Kuchengitter legen.

6. Das Apfelgelee in einen kleinen Topf geben und bei schwacher Hitze erwärmen, bis es flüssig ist. Vorsicht, das Gelee brennt leicht an. Mit einem Backpinsel die Kuchen rundherum damit bestreichen, das gibt ihnen einen schönen Glanz.

IPP

Wer den Geschmack von Feigen nicht besonders mag, kann diese durch Trockenfrüchte nach Belieben ersetzen. Der Kuchen erhält durch die Feigen einen etwas herberen Geschmack. Ein Tupfer Sahne dazu schmeckt hervorragend.

Schoko-Feigen-Kuchen

FANTASIEVOLLE RÜHRKUCHEN

Zutaten

für 4 Kastenformen à 15 cm

Für den Teig:
125 g weiche Butter
125 g Zucker
1 Päckchen Vanillezucker
2 Eier Größe L
1 Prise Salz
125 g Mehl Type 405
50 g Speisestärke
1 Päckchen Backpulver
1 EL Rum
70 ml Zitronensaft
100 g Puderzucker

Zum Verzieren:
200 g Puderzucker
einige Tropfen Zitronensaft

Zubereitung

1. Den Backofen auf 180° C, Umluft 160° C, Gas Stufe 2 vorheizen.

2. Die Butter, den Zucker und den Vanillezucker mit den Schneebesen des Handrührgerätes schaumig schlagen. Die Eier nach und nach hinzufügen.

3. Das Mehl und das Backpulver in eine Schüssel sieben, mit der Speisestärke vermischen und zum Teig geben. Den Rum ebenfalls dazugeben und alles zu einem glatten Teig rühren.

4. Die Backformen mit Butter oder Margarine ausfetten. Den Teig einfüllen, in den Backofen schieben und ca. 30 Minuten backen.

5. Nach Ablauf der Backzeit aus dem Ofen nehmen, 10 Minuten ruhen lassen, danach die Kuchen aus den Formen lösen und zum Abkühlen auf ein Kuchengitter setzen. Jeden Kuchen mit einem Schaschlikspieß mehrfach einstechen.

6. Aus Zitronensaft und Puderzucker einen dünnflüssigen Guss rühren und über die Kuchen verteilen. Durch die Löcher wird der Guss vollständig aufgesogen. Danach die Kuchen erkalten lassen.

7. Vor dem Servieren noch einmal mit einem dickflüssigen Zitronenguss überziehen. Dazu den Zitronensaft tropfenweise zu dem Puderzucker geben, gerade so viel, dass dieser cremig-weiß wird.

TIPP

Diese Kuchen schmecken durch den Zitronensaft sehr erfrischend und sind an warmen Sommertagen bestens geeignet. Wer es nicht ganz so sauer mag, kann das Rezept mit Orangensaft abwandeln. Dementsprechend verändert sich dann auch die Farbe des Zuckergusses.

Zitronenkuchen

FANTASIEVOLLE RÜHRKUCHEN

Zutaten

für eine 18-cm-Kranzform

Für den Teig:
3 kleine Eier, 125 g Zucker,
60 g Mehl
65 g Speisestärke, 65 g Butter
1 Messerspitze Backpulver

Für den Krokant:
125 g Zucker, 50 g gehobelte Mandeln

Für die Buttercreme:
200 g Butter oder Margarine
100 g Puderzucker
1/2 Päckchen Puddingpulver
(100 g fertig gekochter Pudding)

Zum Verzieren:
Zuckerdekoration

Zubereitung

Zubereitung Biskuitmasse:

1. Die Eier und den Zucker in eine Rührschüssel geben. Unter ständigem Rühren mit dem Schneebesen im Wasserbad handwarm anwärmen. Herausnehmen und mit einem Rührgerät schaumig rühren, bis die Eiermasse wieder erkaltet ist.

2. Das Mehl mit der Speisestärke und dem Backpulver in eine extra Schüssel sieben und gut vermischen.

3. Die Butter handwarm zerlassen. Das vorbereitete Mehl behutsam unter die schaumige Eiermasse heben. Vorsichtig die flüssige Butter unterrühren. Die Masse in die gut eingefettete Form füllen und bei 180° C ca. 30 Minuten backen.

4. Nach dem Backen aus der Form nehmen und auf einem Kuchengitter auskühlen lassen.

Zubereitung Krokant:

1. Die Mandeln auf einem mit Backpapier ausgelegten Kuchenblech bei ca. 180° C im Backofen rösten, bis sie eine goldbraune Farbe zeigen. Den Zucker in einer Pfanne oder Stielkasserolle vorsichtig schmelzen und die gerösteten Mandeln einrühren.

2. Die heiße Masse sofort auf ein gefettetes Kuchenblech streichen und auskühlen lassen.

Zubereitung Buttercreme:

1. Den Puderzucker in eine Rührschüssel sieben, die weiche Butter zugeben und mit einem Handrührgerät schaumig schlagen.

2. Zum Schluss den fertig gekochten Vanillepudding einrühren. Der Vanillepudding sollte möglichst Zimmertemperatur haben.

3. Den gut ausgekühlten Kranz zweimal durchschneiden und mit Buttercreme füllen. Etwas Buttercreme für die ca. 10 Rosetten beiseite stellen und mit der restlichen Creme den Kranz bestreichen.

4. Den auf dem Backblech erkalteten Krokant zerstoßen und mit dem Rollholz auf die gewünschte Körnigkeit ausrollen.

5. Den vorbereiteten Kranz innen und außen mit dem Krokant verzieren. Die zurückbehaltene Creme in einen kleinen Spritzbeutel mit Sterntülle füllen und den Kuchen mit Rosetten verzieren. Auf jede Rosette eine Zuckerdekoration setzen.

Frankfurter Kranz

FANTASIEVOLLE RÜHRKUCHEN

Zutaten

für einen 20-cm-Tortenring

Für den Teig:
75 g weiche Butter
125 g Zucker
6 Eigelb Größe L
6 Eiweiß
1 Prise Salz
100 g fein gemahlene Mandeln
100 g Zartbitterschokolade
2 EL Rum

Für die Füllung:
250 ml süße Sahne
1 Päckchen Vanillezucker
2 Päckchen Sahnesteif
100 g Schokostreusel

Zubereitung

1. Den Backofen auf 150° C, Umluft 140° C, Gas Stufe 2 vorheizen. Den Tortenring auf ein mit Backpapier belegtes Blech legen. Die Zartbitterschokolade im heißen Wasserbad schmelzen.

2. Die Eiweiße mit einer Prise Salz zu schnittfestem Schnee schlagen.

3. Die Butter und den Zucker mit den Schneebesen des Handrührgerätes schaumig rühren. Die Eigelbe nach und nach hinzufügen.

4. Die Mandeln zur Eiermasse geben und unter Rühren die Schokolade in einem feinen Strahl in den Teig fließen lassen. Zum Schluss den Eischnee vorsichtig unterheben. Den Teig in den Tortenring füllen, in den Backofen schieben und ca. 80 Minuten backen.

5. Nach Ablauf der Backzeit das Blech aus dem Ofen nehmen, 10 Minuten ruhen lassen, danach den Kuchen aus dem Ring lösen und zum Abkühlen auf ein Kuchengitter setzen.

6. Wenn der Kuchen erkaltet ist, ihn in der Mitte aushöhlen, so dass rundherum ein ca. 1 cm breiter Rand stehen bleibt. Den entnommenen Kuchenteig fein zerkrümeln und beiseite stellen.

7. Die Sahne mit Sahnesteif und Vanillezucker steif schlagen. Die Schokostreusel unterheben. Mit einem großen Messer oder einer Kuchenpalette die Sahne in den ausgehöhlten Kuchen füllen und zu einem Hügel formen, den Rand ebenfalls mit Sahne bestreichen. Zum Schluss die Kuchenkrümel rundherum auf die Sahne streuen.

Dieser Kuchen ist ohne allzu großen Aufwand herzustellen und macht auf jeder Kaffeetafel etwas her. Die lange Backzeit kann ja für andere Arbeiten genutzt werden.

Maulwurfhügelchen

RÜHRKUCHEN MIT OBST

Zutaten

für eine 16-cm-Springform

Für den Teig:
140 g weiche Butter
100 g Zucker
1/2 Päckchen Vanillinzucker
2 Eier Größe M
1 EL Kondensmilch
150 g Mehl Type 405
60 g Pinienkerne
1 Prise Salz
1 TL Backpulver
1 TL Orangenfrucht
300 g Sauerkirschen (Abtropfgewicht)

Zum Verzieren:
Aprikosen- oder Apfelgelee
Pinienkerne
10 Kirschen

Zubereitung

1. Den Backofen auf 175° C, Umluft 150° C, Gas Stufe 2 vorheizen. Die Sauerkirschen in ein Sieb schütten und gut abtropfen lassen.

2. Die Butter, den Vanillinzucker und den Zucker mit den Schneebesen des Handrührgerätes cremig schlagen, nach und nach die Eier hinzufügen.

3. Das Mehl und das Backpulver in eine Schüssel sieben und zum Teig geben. Die Orangenfrucht und die Prise Salz dazugeben und alles zu einem glatten Teig rühren. Von den Pinienkernen einen Esslöffel für die Dekoration beiseite stellen, den Rest mit einem Rührlöffel unterheben.

4. Die Springform mit Butter oder Margarine gut einfetten. Die Hälfte des Teiges in die Form füllen und mit einem Löffel glatt streichen.

5. Von den Sauerkirschen 10 Stück für die Dekoration beiseite stellen, den Rest locker auf die Teigschicht streuen.
Achtung: Nicht andrücken! Den restlichen Teig darüber geben, gleich in den Backofen schieben und ca. 55–60 Minuten backen.

6. Nach Ablauf der Backzeit aus dem Ofen nehmen, 10 Minuten ruhen lassen, dann den Kuchen aus der Form lösen. Danach zum Abkühlen auf ein Kuchengitter setzen. Inzwischen 2–3 Esslöffel Gelee bei schwacher Hitze in einem Topf schmelzen und den erkalteten Kuchen rundherum damit einpinseln. Mit Pinienkernen bestreuen und die Kirschen darauf setzen.

Anstelle von Sauerkirschen kann man auch Süßkirschen nehmen. Herrlich fruchtig schmeckt der Kuchen, wenn man frische Kirschen verwendet.

Kirsch-Pinien-Kuchen

RÜHRKUCHEN MIT OBST

Zutaten

für eine 16-cm-Springform

Für den Teig:
75 g Butter
50 g Honig
2 Eigelb
2 Eiweiß
100 g Dinkelmehl Type 630
1/2 TL Backpulver
1 TL Zitronensaft
200 g Aprikosen aus der Dose

Zum Verzieren:
Puderzucker
2 EL Aprikosensaft

Zubereitung

1. Den Backofen auf 180° C, Umluft 160° C, Gas Stufe 2 vorheizen. Die Aprikosen in ein Sieb schütten, den Saft dabei auffangen und gut abtropfen lassen.

2. Die beiden Eiweiße mit dem Zitronensaft zu steifem Schnee schlagen. Danach die Butter und den Honig mit den Schneebesen des Handrührgerätes verrühren, bis die Masse bindet. Dann die Eigelbe dazugeben und schaumig rühren.

3. Das Mehl und das Backpulver in eine Schüssel sieben, das Ganze gut vermischen und mit der Eiermasse zu einem glatten Teig verrühren. Anschließend den Eischnee unterheben.

4. Die Springform mit Butter oder Margarine auspinseln und den Teig einfüllen. Die Aprikosenhälften auf dem Kuchen verteilen, gleich in den Backofen schieben und ca. 25–30 Minuten backen.

5. Nach Ablauf der Backzeit den Kuchen herausnehmen, 10 Minuten in der Form ruhen lassen und dann zum Abkühlen auf ein Kuchengitter legen. Vor dem Servieren mit Puderzucker bestäuben.

Wenn man die Aprikosen mit Fruchtsaft bepinselt, bleibt der Puderzucker nur auf dem Teig haften.

Aprikosenkuchen

RÜHRKUCHEN MIT OBST

Zutaten

für 8 Stück

8 Scheiben Wasa Crosties Cereal
200 g weiße Schokolade

Für den Belag:
4 Blatt weiße Gelatine
350 g Quark
100 g Jogurt
50 g Zucker
3 Päckchen Vanillezucker
60 ml Zitronensaft
etwas Zitronenschale
200 ml süße Sahne
500 g frische Beerenfrüchte
1 Päckchen heller Tortenguss
100 ml Sekt

Zubereitung

1. Acht Streifen Alufolie ca. 20 cm lang und 10 cm hoch abreißen, längs knicken, um ein Glas mit ca. 7 cm Durchmesser legen, fixieren und das Glas entfernen, so dass acht kleine Tortenringe entstehen. Diese auf ein mit Backpapier belegtes Blech stellen.

2. Die Wasa Crosties fein zerbröseln, die Schokolade im heißen Wasserbad schmelzen und mit den Bröseln vermischen. In die Tortenringe geben und als Boden festdrücken.

3. Für die Creme die Gelatine nach Packungsanweisung einweichen. Quark, Jogurt, Zucker, zwei Päckchen Vanillezucker und Zitronensaft verrühren, die Sahne steif schlagen. Die Gelatine auflösen, unter die Quarkmasse ziehen und die Sahne unterheben. Sobald die Masse geliert, in einen Spritzbeutel füllen und auf die Böden spritzen. Die Törtchen ca. 30 Minuten kühl stellen.

4. Die Beeren verlesen, waschen, putzen und auf den Törtchen anrichten.

Den Tortenguss mit 100 ml Wasser und dem restlichen Vanillezucker nach Packungsanweisung zubereiten, den Sekt dazugeben und über den Beeren verteilen. Nochmals 30 Minuten kühl stellen.

5. Vor dem Servieren die Tortenringe entfernen und die Törtchen nach Wunsch mit Zitronenmelisse garnieren.

TIPP

Eine einfache und originelle Kuchenvariante, die überhaupt nicht gebacken wird. Gerade für Single-Haushalte besonders zu empfehlen!

Schweden Törtchen

RÜHRKUCHEN MIT OBST

Zutaten

für eine Springform mit fünf Herzen

Für den Teig:
50 g weiche Butter
100 g Zucker
1/2 Päckchen Vanillinzucker
2 Eier Größe M
75 g Mehl Type 405
75 g Speisestärke
30 g gemahlene Haselnüsse
125 g Quark
1 Prise Salz
1/2 Päckchen Backpulver
4 cl Kirschsaft
50 g getrocknete Aprikosen

Zum Verzieren:
Schokoladensoße

Zubereitung

1. Den Backofen auf 175° C, Umluft 160° C, Gas Stufe 2 vorheizen. Die Springform mit Backpapier auslegen und die Herz-Tortenringe hineinstellen. Die Aprikosen in kleine Würfel schneiden.

2. Die Butter, den Vanillinzucker und den Zucker mit den Schneebesen des Handrührgerätes cremig schlagen, nach und nach die Eier dazugeben.

3. Das Mehl mit Backpulver und Speisestärke in eine Schüssel sieben. Die Mehlmischung, das Salz, die Haselnüsse, den Kirschsaft und den Quark zur Eiermasse geben und alles zu einem glatten Teig rühren. Zum Schluss die Aprikosenwürfel mit einem Rührlöffel unterheben.

4. Den Teig in die fünf Herzen verteilen, in den Backofen schieben und ca. 35 Minuten backen. Nach Ablauf der Backzeit aus dem Ofen nehmen, 10 Minuten ruhen lassen, dann die Herzen aus den Ringen lösen und zum Abkühlen auf ein Kuchengitter setzen.

5. Vor dem Servieren die Herzen noch mit Schokoladensoße übergießen.

TIPP

Wenn man die Aprikosenwürfel vor dem Unterheben in Mehl wendet, verbinden sie sich gleich mit der Teigmasse und sinken beim Backen nicht auf den Boden ab.

Aprikosen-Quark-Herzen

RÜHRKUCHEN MIT OBST

Zutaten

für je 1 Herzform à 22 und 12,5 cm

Für den Teig:
100 g weiche Butter
125 g Zucker
1 Päckchen Vanillinzucker
2 Eier Größe L
1 Prise Salz
125 g Mehl Type 405
2 TL Backpulver
80 g Schokolade
2 Bananen
etwas Milch

Zum Verzieren:
weiße Schokoladenglasur
Schokoladenherzchen

Zubereitung

1. Den Backofen auf 180° C, Umluft 160° C, Gas Stufe 2 vorheizen.

2. Die Butter, den Zucker und den Vanillinzucker mit den Schneebesen des Handrührgerätes schaumig schlagen. Die Eier nach und nach hinzufügen.

3. Das Mehl und das Backpulver in eine Schüssel sieben, zum Teig geben und mit einer Prise Salz zu einem glatten Teig rühren. Sollte dieser zu fest sein, mit etwas Milch geschmeidig rühren.

4. Die Bananen mit einer Gabel zerdrücken. Die Schokolade mit einem scharfen Messer grob hacken und alles in den Teig rühren.

5. Die Herzformen mit Butter oder Margarine gut einpinseln und mit Mehl bestäuben. Den Teig auf die beiden Formen verteilen und ca. 30–40 Minuten backen. Das kleinere Herz ca. 5–10 Minuten früher aus dem Ofen nehmen.

6. Nach Ablauf der Backzeit aus dem Ofen nehmen, die Kuchen 10 Minuten in der Form ruhen lassen, danach auf ein Kuchengitter stürzen und abkühlen lassen. Die Schokoladenglasur schmelzen, beide Herzen rundherum damit einstreichen und mit den Schokoladenherzchen verzieren.

TIPP

Backwerke in Herzform eignen sich nicht nur zum Muttertag, sondern können auch eine Kaffeetafel am Sonntagnachmittag mit dem Partner positiv gestalten. Anstelle der Schokoladenglasur kann ein Zuckerguss mit Lebensmittelfarbe in fast jede gewünschte Farbe geändert werden.

Bananen-Schoko-Herz

RÜHRKUCHEN MIT OBST

Zutaten

für eine 16-cm-Springform

Für den Teig:
140 g weiche Butter
100 g Zucker
1/2 Päckchen Vanillinzucker
2 Eier Größe M
1 EL Kondensmilch
150 g Mehl Type 405
80 g gehackte Walnüsse
1 Prise Salz
1 TL Backpulver
3 Äpfel

Zum Verzieren:
Puderzucker

Zubereitung

1. Den Backofen auf 175° C, Umluft 160° C, Gas Stufe 2 vorheizen. Die Äpfel schälen, vierteln, entkernen und die Außenfläche kreuzweise oder in Längsrichtung einschneiden.

2. Die Butter, den Vanillinzucker und den Zucker mit den Schneebesen des Handrührgerätes cremig schlagen, nach und nach die Eier dazugeben.

3. Das Mehl mit dem Backpulver in eine Schüssel sieben. Die Mehlmischung zügig mit einer Prise Salz in die Eiermasse einrühren und alles zu einem glatten Teig verarbeiten. Die Walnüsse mit einem Rührlöffel unterheben.

4. Die Springform mit Butter oder Margarine gut einpinseln und mit Mehl oder Semmelbröseln ausstreuen. Den Teig in die Form füllen und mit einem Löffel glatt streichen. Die Apfelstücke dicht aneinander auf den Teig legen.

5. In den Backofen schieben und ca. 40–45 Minuten backen. Nach Ablauf der Backzeit aus dem Ofen nehmen, den Kuchen 10 Minuten ruhen lassen, danach aus der Form lösen und zum Abkühlen auf ein Kuchengitter setzen.

6. Vor dem Servieren noch mit Puderzucker bestäuben.

TIPP

Am besten schmecken säuerliche Äpfel wie z. B. Boskop. Es können aber auch Birnen genommen werden.

Apfel-Nuss-Kuchen

RÜHRKUCHEN MIT OBST

Zutaten

für eine 23-cm-Herzform

Für den Teig:
125 g Butterschmalz
100 g Zucker
2 Päckchen Vanillinzucker
1 Prise Salz
5 Tropfen Bittermandelaroma
3 Eier Größe M
100 g Mehl
1 Päckchen Vanillepuddingpulver
2 TL Backpulver, 4 EL Milch

Für die Füllung:
250 g Rhabarber
300 g Erdbeeren
8 Blatt weiße Gelatine
100 g Zucker
300 ml süße Sahne

Zum Verzieren:
Zitronenmelisse
100 g Erdbeeren
100 ml süße Sahne

Zubereitung

1. Den Backofen auf 175° C, Umluft 160° C, Gas Stufe 2 vorheizen. Das weiche Butterschmalz mit Zucker, Vanillinzucker, Salz und Bittermandelaroma schaumig rühren. Die Eier nacheinander dazugeben. Weiterrühren, bis der Zucker gelöst ist.

2. Das Mehl zusammen mit dem Puddingpulver und dem Backpulver in eine Schüssel sieben. Abwechselnd mit Milch in die Eiermasse rühren. Die Kuchenform mit Butter oder Margarine auspinseln und bemehlen. Den Teig einfüllen und ca. 50 Minuten backen.

3. Nach Ablauf der Backzeit herausnehmen, den Kuchen 10 Minuten in der Form ruhen lassen, danach auf ein Kuchengitter stürzen und auskühlen lassen.

4. Den Rhabarber waschen, putzen und in Stücke schneiden. Die Erdbeeren waschen und putzen. Die Gelatine in kaltem Wasser einweichen. Die Rhabarberstücke mit 100 ml Wasser ca. 5–8 Minuten dünsten und mit dem Zucker pürieren. Die Gelatine ausdrücken, dazugeben, auflösen und abkühlen lassen. 250 g Erdbeeren ebenfalls pürieren und zum Rhabarberpüree geben. 300 ml Sahne steif schlagen und, sobald die Masse geliert, unterheben.

5. Das Herz einmal quer durchschneiden und 1/3 der Creme auf den Boden geben. Den oberen Boden darauf legen und mit der restlichen Creme rundherum bestreichen. Für 60 Minuten in den Kühlschrank stellen.

6. 100 ml Sahne steif schlagen, in einen Spritzbeutel füllen und das Herz damit verzieren. Die restlichen Erdbeeren halbieren oder in Scheiben schneiden und auf dem Herz dekorativ verteilen. Zum Schluss mit Melisseblättchen ausgarnieren.

Erdbeer-Rhabarber-Herz

MÜRBTEIG MAL ANDERS

Zutaten

für 6 Stück

Für den Teig:
75 g Magerquark
35 g Zucker
1/2 Päckchen Vanillezucker
2 EL Milch
2 EL Öl
1 Prise Salz
150 g Weizenmehl (z. B. von Goldpuder)
1/2 Päckchen Backpulver

Für das Kompott:
250 g Zwetschgen
25 ml Rotwein
1 Zimtstange
15 g Zucker

Für den Belag:
1 EL Milch
2 EL Mandelblättchen
1 EL Zucker
1 Prise Zimt
100 ml süße Sahne
1/2 Päckchen Vanillezucker
2 EL Vanillelikör

Zubereitung

1. Den Backofen auf 200° C vorheizen. Ein Backblech mit Backpapier belegen.

2. Die Zwetschgen waschen, halbieren, entkernen und das Fruchtfleisch in Würfel schneiden. Zusammen mit Rotwein, Zimtstange und Zucker kurz aufkochen und ca. fünf Minuten dünsten. Danach die Zimtstange entfernen und das Kompott abkühlen lassen.

3. Den Quark mit Zucker, Vanillezucker, Milch, Öl und Salz verrühren. Das Mehl mit dem Backpulver mischen und mit der Quarkmasse verkneten. Den Teig zu einer Rolle formen, in 6 Stücke teilen, diese zu Kreisen flach drücken und auf das Backblech legen.

4. Auf jeden Teigkreis etwas Zwetschgenkompott geben, die Ränder mit Milch bestreichen und mit Mandelblättchen bestreuen. Im Backofen ca. 15 Minuten backen.

5. In der Zwischenzeit Zimt und Zucker mischen, die Taler nach Ablauf der Backzeit noch warm damit bestreuen. Die Sahne mit dem Zucker steif schlagen, den Likör unterrühren und zu den Zwetschgentalern servieren.

TIPP

Dieses schnelle Rezept lässt sich durch verschiedene rote Beerenfrüchte immer wieder neu variieren.

Zwetschgentaler mit Likörsahne

MÜRBTEIG MAL ANDERS

Zutaten

für 12 Tortelett-Förmchen

Für den Teig:
215 g deutsche Butter
2 Eigelb
250 g Weizenmehl
40 g Speisestärke
50 g Puderzucker

Für die Füllung:
20 g deutsche Butter
100 g brauner Zucker
6 EL süße Sahne
4 EL Mehl
3 TL Espressopulver
3 EL Kaffeelikör
2 EL gehackte Mandeln

Für den Belag:
2 Äpfel
1–2 Pflaumen
150 g Johannisbeeren
150 g Erdbeeren
Saft einer Zitrone
1–2 EL Orangenlikör
250 ml süße Sahne
1 TL Zucker
4 cl Amaretto

Zum Verzieren:
Puderzucker
Zitronenmelisse

Zubereitung

1. Den Backofen auf 180° C, Umluft 160° C, Gas Stufe 2 vorheizen. Die Tortelett-Förmchen mit Butter oder Margarine gut einfetten.

2. Das Mehl, die Speisestärke und den Puderzucker in eine Schüssel sieben und mit Butter, Eigelb und 2–3 EL kaltem Wasser verkneten. Für eine Stunde in den Kühlschrank stellen. Danach den Teig mit wenig Mehl ausrollen und die Tortelett-Förmchen damit auskleiden. Mit einer Gabel mehrmals einstechen und ca. 10–15 Minuten vorbacken.

3. Für die Füllung Butter und Zucker in einer Pfanne schmelzen und unter Rühren köcheln lassen. Die Sahne mit dem Mehl verquirlen, zur Zuckermasse geben und weitere drei Minuten köcheln lassen. Das Espressopulver in 6 EL Wasser auflösen und zusammen mit dem Kaffeelikör zur Füllung geben. Die Masse auf die vorgebackenen Törtchen verteilen, mit den gehackten Mandeln bestreuen und nochmals 5–10 Minuten backen.

4. Zwischenzeitlich das Obst waschen. Die Äpfel und die Pflaumen vierteln, entkernen und das Fruchtfleisch in Scheiben schneiden. Die Johannisbeeren von den Rispen zupfen, die Erdbeeren putzen und klein schneiden. Alles zusammen mit dem Zitronensaft und dem Orangenlikör mischen.

5. Die Sahne mit Zucker steif schlagen, den Amaretto unterheben. Die Törtchen mit Puderzucker bestäuben, mit Zitronenmelisse garnieren und zusammen mit dem Obstsalat und der Sahne servieren.

Espressotörtchen

MÜRBTEIG MAL ANDERS

Zutaten

für eine 6er Mini-Tortelett-Form

Für den Teig:
175 g Butter
75 g Zucker
2 Eier Größe M
1 Prise Salz
1 Prise Zimt
250 g Mehl Type 405
50 g gemahlene Haselnüsse
1 Glas Brombeermarmelade

Zum Verzieren:
Aprikosenmarmelade

Zubereitung

1. Den Backofen auf 180° C, Heißluft 160° C, Gas Stufe 2–3 vorheizen.

2. Die Butter und den Zucker mit den Schneebesen des Handrührgerätes schaumig rühren. Die Eier nach und nach unterschlagen.

3. Das Mehl in eine Schüssel sieben, mit einer Prise Salz und Zimt und den gemahlenen Nüssen in die Schaummasse geben und gut verkneten. Den Teigkloß in Alufolie wickeln und ca. eine Stunde kühl stellen.

4. Die Tortelettform gut einfetten und die Böden und Wände der Vertiefungen mit 2/3 des Teiges auslegen. Die Böden mit der Brombeermarmelade füllen.

5. Den restlichen Teig dünn ausrollen und mit einem Teigrädchen in schmale Streifen rädeln. Diese gitterartig über die Marmelade legen.

6. In den Backofen schieben und ca. 20–30 Minuten backen. Nach Ablauf der Backzeit herausnehmen, die Törtchen 10 Minuten in der Form ruhen lassen, danach herauslösen und zum Abkühlen auf ein Kuchengitter setzen.

7. Die Aprikosenmarmelade erwärmen, bis sie flüssig ist, und die Törtchen damit bestreichen.

TIPP

Anstelle der Aprikosenmarmelade eignen sich auch andere helle Gelees und Marmeladen. Sie geben dem Gebäck einen sehr schönen Glanz. Als Füllung können beispielsweise auch Pflaumenmus oder alle herb-säuerlichen Marmeladen genommen werden.

Linzer Törtchen

MÜRBTEIG MAL ANDERS

Zutaten

für eine 6er Mini-Tortelett-Form

Für den Teig:
120 g Butter
70 g Zucker
1 Ei Größe M
1 Prise Salz
250 g Mehl Type 405

Für den Belag:
250 g frische Früchte oder Früchte aus der Dose
1 Eiweiß
75 g Puderzucker
1/4 Päckchen Vanillepuddingpulver
125 ml Milch

Zubereitung

1. Den Backofen auf 180° C, Umluft 160° C, Gas Stufe 2 vorheizen. Ggf. die Früchte abgießen und gut abtropfen lassen.

2. Die Butter und den Zucker mit den Schneebesen des Handrührgerätes schaumig rühren. Das Ei unterschlagen.

3. Das Mehl in eine Schüssel sieben, in die Schaummasse geben und gut verkneten. Den Teig in Alufolie wickeln und ca. eine Stunde kühl stellen.

4. Inzwischen das Puddingpulver mit der Milch anrühren und kurz aufkochen. Danach gut abkühlen lassen. Die Tortelettform gut einfetten.

5. Den Teig aus dem Kühlschrank nehmen und in die Vertiefungen der Form drücken. Mit einer Gabel mehrmals einstechen, in den Backofen schieben und ca. 25–35 Minuten backen. Nach Ablauf der Backzeit herausnehmen, die Torteletts 10 Minuten in der Form ruhen lassen, danach herauslösen und zum Abkühlen auf ein Kuchengitter setzen.

6. Wenn die Böden erkaltet sind, jeweils einen Esslöffel Pudding darauf verteilen und mit den Früchten belegen. Das Eiweiß zu steifem Schnee schlagen, dabei den Puderzucker einrieseln lassen. Den Eischnee in einen Spritzbeutel füllen und die Torteletts gitterartig verzieren. Bei 250° C ca. 3–5 Minuten anbräunen.

TIPP

Der Vanillepudding kann natürlich auch ganz zubereitet werden, so bleibt noch etwas für „Naschkatzen" übrig.

Überbackene Obsttörtchen

HEFETEIG EINFACH GUT

Zutaten

für 6 mittelgroße Zöpfe

75 g Butter
250 g Mehl Type 405
1/2 Würfel Hefe
25 g Zucker
1 Ei Größe L
65 ml Milch
1 Prise Salz
80 g Rosinen
1 Ei zum Bepinseln

Zubereitung

1. Den Backofen auf 180° C, Umluft 160° C, Gas Stufe 2 vorheizen. Die Rosinen waschen und in heißem Wasser einweichen.

2. Das Mehl in eine Schüssel sieben und in die Mitte eine Mulde drücken. Die frische Hefe hineinbröckeln, etwas Zucker darüber geben und mit der lauwarmen Milch übergießen. Mit einem Löffel zu einem Brei verrühren. Zugedeckt 15–25 Minuten gehen lassen.

3. Wenn sich die Teigmenge verdoppelt hat, weiche Butter, Zucker, Salz und Ei dazugeben. Mit den Knethaken des Handrührgerätes kneten, bis sich der Teig vom Schüsselrand löst. Aus der Schüssel nehmen und auf der Arbeitsfläche nochmals mit den Händen kräftig durcharbeiten. Die Schüssel mit Mehl ausstäuben, den Teig hineinlegen, abdecken und wiederum 20–30 Minuten gehen lassen.

4. Den Teig nochmals durchkneten und zunächst halbieren. In eine Hälfte die abgetrockneten Rosinen einarbeiten. Jede Teighälfte in 9 gleich große Stücke teilen, diese mit den Handflächen zu ca. 15 cm langen Strängen rollen. Jeweils aus drei Strängen einen Zopf flechten und auf ein mit Backpapier belegtes Blech legen.

5. Wenn die Zöpfe geflochten sind, nochmals mit einem sauberen Geschirrtuch abdecken und 15–20 Minuten gehen lassen. Danach mit etwas verquirltem Ei bepinseln und ca. 25 Minuten backen. Nach Ablauf der Backzeit das Blech aus dem Ofen nehmen, 10 Minuten ruhen lassen und danach die Zöpfchen zum Abkühlen auf ein Kuchengitter setzen.

TIPP

Wer keine Rosinen mag, kann diese natürlich weglassen. Wer sie sehr gerne isst, kann die Menge verdoppeln und für den ganzen Teig verwenden.

Hefezöpfe

HEFETEIG EINFACH GUT

Zutaten

für zwei Napfkuchenformen à 16 cm

Für den Teig:
75 g Butter
250 g Mehl Type 405
1/2 Würfel Hefe
25 g Zucker
1 Ei Größe L
65 ml Milch
1 Prise Salz
20 g Orangeat
20 g Zitronat
50 g Rosinen

Zum Verzieren:
Puderzucker

Zubereitung

1. Den Backofen auf 180° C, Umluft 160° C, Gas Stufe 2 vorheizen. Die Napfkuchenform mit Butter oder Margarine gut ausfetten. Die Rosinen waschen und in heißem Wasser einweichen. Das Orangeat und das Zitronat mit der Küchenmaschine fein hacken.

2. Das Mehl in eine Schüssel sieben und in die Mitte eine Mulde drücken. Die frische Hefe hineinbröckeln, etwas Zucker darüber geben und mit der lauwarmen Milch übergießen. Mit einem Löffel zu einem Brei verrühren. Zugedeckt 15–25 Minuten gehen lassen.

3. Wenn sich die Teigmenge verdoppelt hat, weiche Butter, Zucker, Salz und Ei dazugeben. Mit den Knethaken des Handrührgerätes kneten, bis sich der Teig vom Schüsselrand löst. Aus der Schüssel nehmen und auf der Arbeitsfläche nochmals mit den Händen kräftig durcharbeiten. Die Schüssel mit Mehl ausstäuben, den Teig hineinlegen, abdecken und wiederum 20–30 Minuten gehen lassen.

4. Den Teig halbieren und eine Hälfte zusammen mit den abgetrockneten Rosinen, dem Orangeat und Zitronat nochmals durchkneten. Danach in die Kuchenform geben. Die zweite Hälfte anderweitig verwenden oder einfrieren. In der Form noch einmal zur doppelten Größe aufgehen lassen, danach gleich in den Backofen schieben und ca. 30 Minuten backen.

5. Nach Ablauf der Backzeit aus dem Ofen nehmen, 10 Minuten ruhen lassen, danach den Kuchen aus der Form lösen und zum Abkühlen auf ein Kuchengitter setzen. Vor dem Servieren noch mit Puderzucker bestäuben.

Achtung: Die angegebenen Zutaten ergeben zwei Kuchen. Es ist jedoch nicht ratsam, diese Mengen zu halbieren. Besser ist es, das Rezept zuzubereiten, den fertigen Teig zu halbieren und den Rest einzufrieren. Orangeat und Zitronat können auch weggelassen werden, denn viele mögen den Biss der gröberen Stücke nicht, was jedoch durch das feine Hacken vermieden werden kann.

Gugelhupf

HEFETEIG EINFACH GUT

Zutaten

für zwei Tortenringe à 18 cm

Für den Teig:
75 g Butter
250 g Mehl Type 405
1/2 Würfel Hefe
25 g Zucker
1 Ei Größe L
65 ml Milch
1 Prise Salz

Für den Belag:
50 g Butter, 50 g Honig
100 g Mandelblättchen

Für die Füllung:
1 Päckchen Bourbon-Vanillepuddingpulver
35 g Zucker
375 ml Milch
125 ml süße Sahne
1 Päckchen Sahnesteif

Zubereitung

1. Den Backofen auf 180° C, Umluft 160° C, Gas Stufe 2 vorheizen. Ein Backblech mit Backpapier belegen und den Tortenring darauf stellen. Den Pudding nach Packungsanweisung zubereiten, jedoch nur mit der hier angegebenen Menge Milch.

2. Das Mehl in eine Schüssel sieben und in die Mitte eine Mulde drücken. Die frische Hefe hineinbröckeln, etwas Zucker darüber geben und mit der lauwarmen Milch übergießen. Zugedeckt 15–25 Minuten gehen lassen.

3. Wenn sich der Vorteig verdoppelt hat, weiche Butter, Zucker, Salz und Ei dazugeben. Mit den Knethaken des Handrührgerätes kneten. Aus der Schüssel nehmen und auf der Arbeitsfläche nochmals mit den Händen kräftig durcharbeiten. In einer Schüssel weitere 20–30 Minuten gehen lassen.

4. Den Teig nochmals durchkneten, halbieren und eine Hälfte mit den Händen rund ausziehen und in den Tortenring geben. Die zweite Hälfte anderweitig verwenden oder einfrieren. Für den Belag die Butter und den Honig in einem Topf schmelzen. Danach die Mandelblättchen hinzufügen, alles gut vermengen und auf den Teig streichen. Gleich in den Backofen schieben und ca. 20 Minuten backen.

5. Nach Ablauf der Backzeit das Blech aus dem Ofen nehmen, 10 Minuten ruhen lassen, danach den Kuchen aus dem Ring lösen und zum Abkühlen auf ein Kuchengitter setzen. Wenn er erkaltet ist, ihn einmal quer durchschneiden.

6. Die Sahne mit Sahnesteif schlagen und den Vanillepudding unterheben. Den unteren Boden mit der Füllung bestreichen, den Mandeldeckel darauf legen und den Kuchen servieren.

Achtung: Die angegebenen Zutaten für den Teig ergeben zwei Kuchen. Es ist jedoch nicht ratsam, diese Mengen zu halbieren. Besser ist es, das Rezept zuzubereiten und dann den fertigen Teig zu halbieren und den Rest einzufrieren.

Bienenstich

BISKUIT MIT OBST & SAHNE

Zutaten

für eine 6er Mini-Tortelett-Form

2 Eier Größe M
100 g Puderzucker
1 Vanillinzucker
1 Prise Salz
100 g Mehl
250 g frische Früchte oder Früchte aus der Dose
1/2 Päckchen Tortenguss

Zubereitung

1. Den Backofen auf 180° C, Umluft 160° C, Gas Stufe 2–3 vorheizen. Ggf. Früchte aus der Dose abgießen und gut abtropfen lassen.

2. Die Eier trennen und das Eiweiß zu steifem Schnee schlagen. Während des Schlagens den Puderzucker einrieseln lassen. Danach den Vanillinzucker, die Eigelbe und die Prise Salz unterrühren.

3. Das Mehl sieben und vorsichtig unterheben. Die Tortelettform gut einfetten und den Teig in die Vertiefungen füllen.

4. In den Backofen schieben und ca. 10–15 Minuten backen. Nach Ablauf der Backzeit herausnehmen, die Torteletts 10 Minuten in der Form ruhen lassen, danach herauslösen und zum Abkühlen auf ein Kuchengitter setzen.

5. Die erkalteten Böden mit den Früchten belegen. Den Tortenguss nach Packungsanweisung zubereiten und das Obst damit überziehen.

TIPP

Ein Klecks frisch geschlagene Sahne schmeckt zu diesen kleinen Törtchen besonders lecker. Bei dem Belag kann man seiner Fantasie freien Lauf lassen. Wenn man die Törtchen sortenrein belegt, kann sich jeder sein Lieblingstörtchen aussuchen. Wird Dosenobst verwendet, bleibt bei 6 Törtchen eine erhebliche Menge übrig. Vielleicht backt man gleich 12 Törtchen oder macht aus den Resten einen Obstsalat, der sich dann auch im Kühlschrank länger hält.

Obsttoreletts

BISKUIT MIT OBST & SAHNE

Zutaten

für eine 12er Eclair-Form

Für den Teig:
40 g Zucker
1 Ei Größe M
1 TL Vanillinzucker
50 g Mehl Type 405
1 Msp. Backpulver
1/2 TL Kakao

Für die Füllung:
150 ml süße Sahne
3 TL Puderzucker
1/2 Päckchen Sahnesteif
1/2 TL Instantkaffee

Zum Verzieren:
dunkle Schokoladenkuvertüre

Zubereitung

1. Den Backofen auf 190° C, Umluft 160° C, Gas Stufe 2–3 vorheizen. Die Form gut einfetten.

2. Das Ei mit Zucker und Vanillinzucker mit den Schneebesen des Handrührgerätes schaumig rühren.

3. Das Mehl zusammen mit dem Backpulver und dem Kakao in eine Schüssel sieben, in die Schaummasse geben und vorsichtig unterheben. Den Teig in einen Spritzbeutel füllen und in die Vertiefungen der Form spritzen.

4. Gleich in den Backofen schieben und ca. 10–12 Minuten backen. Nach Ablauf der Backzeit herausnehmen, sofort aus der Form lösen und zum Abkühlen auf ein Kuchengitter legen.

5. Die Sahne mit Sahnesteif, Puderzucker und Instantkaffee steif schlagen und in einen Spritzbeutel füllen. Ein Gebäckteil mit Sahne bespritzen und ein weiteres Teil obenauf legen. Die Schokoladenkuvertüre im heißen Wasserbad schmelzen und im Zickzack die Eclairs damit verzieren.

Dies ist eine schnelle Variante für alle, denen das Originalrezept mit Brandteig zu aufwändig ist.

Eclairs

BISKUIT MIT OBST & SAHNE

Zutaten

für eine 16-cm-Springform

Für den Teig:
40 g Butter
50 g Zucker
2 Eigelb
2 Eiweiß
100 g gemahlene Haselnüsse
50 g Schokoladenstreusel
1/2 TL Backpulver
1 EL Rum
10 ml Eierlikör

Für die Füllung:
400 ml süße Sahne
1 Päckchen Vanillezucker
2 Päckchen Sahnesteif
Eierlikör

Zum Verzieren:
Haselnusskrokant

Zubereitung

1. Den Backofen auf 180° C, Umluft 160° C, Gas Stufe 2 vorheizen.

2. Die beiden Eiweiße zu steifem Schnee schlagen und beiseite stellen. Danach die Butter und den Zucker mit den Schneebesen des Handrührgerätes schaumig schlagen. Die Eigelbe dazugeben und auf hoher Stufe einige Minuten weiterrühren, bis sich eine cremige Masse gebildet hat.

3. Die gemahlenen Haselnüsse mit dem Backpulver vermischen und zusammen mit den Schokostreuseln in die Eiermasse geben. Den Rum und den Eierlikör dazugießen. Die Zutaten kurz miteinander verrühren und zum Schluss den Eischnee unterheben.

4. Die Springform mit Butter oder Margarine auspinseln und den Teig einfüllen, gleich in den Backofen schieben und ca. 30–35 Minuten backen.

5. Nach Ablauf der Backzeit den Tortenboden herausnehmen, ca. 10 Minuten in der Form ruhen lassen und danach zum Abkühlen auf ein Kuchengitter legen. In der Zwischenzeit die Sahne mit Sahnesteif und Vanillezucker steif schlagen.

6. Wenn der Tortenboden gut ausgekühlt ist, ihn einmal quer durchschneiden. Die untere Hälfte mit Sahne bestreichen, den zweiten Boden darauf setzen und die Torte rundherum mit Sahne bestreichen. Mithilfe eines Spritzbeutels einen geschlossenen Rand aus kleinen Rosetten auf die Torte spritzen und so viel Eierlikör darauf gießen, bis ein schöner Spiegel entsteht. Den Rand mit Haselnusskrokant verzieren.

Eierlikör-Torte

BISKUIT MIT OBST & SAHNE

Zutaten

für eine 16-cm-Springform

Für den Teig:
1 Ei Größe L
4 TL warmes Wasser
35 g Zucker
1 TL Vanillinzucker
25 g Mehl Type 405
10 g Speisestärke
2 TL Kakao
1/2 TL Backpulver

Für den Belag:
250 ml süße Sahne
1 kleine Dose halbierte Pfirsiche

Zum Verzieren:
Schokoladenornamente

Zubereitung

1. Die Pfirsiche abgießen, gut abtropfen lassen und je drei Hälften mit einem scharfen Messer in Spalten schneiden. Den Backofen auf 190° C, Umluft 160° C, Gas Stufe 2 vorheizen.

2. Das Ei trennen und das Eiweiß zu steifem Schnee schlagen. Das Eigelb zusammen mit dem Zucker, dem Vanillinzucker und dem warmen Wasser mit den Schneebesen des Handrührgerätes schaumig schlagen.

3. Das Mehl zusammen mit dem Backpulver, der Speisestärke und dem Kakao in eine Schüssel sieben. Danach zur Eiermasse geben und zu einem glatten Teig rühren. Den Eischnee mit einem Schneebesen vorsichtig unter den Teig heben.

4. Den Boden der Springform mit Backpapier auslegen und den Teig in die Form füllen. Gleich in den Backofen schieben und ca. 20 Minuten backen. Nach Ablauf der Backzeit herausnehmen, fünf Minuten in der Form ruhen lassen, danach aus der Form lösen und zum Abkühlen auf ein Kuchengitter legen.

5. Wenn der Tortenboden erkaltet ist, die Sahne steif schlagen und mit einem Löffel unregelmäßig darauf verteilen. Die Pfirsichspalten in die Sahne drücken und die Torte mit den Schokoladenornamenten verzieren.

TIPP

Dieses wirklich schnelle Rezept ist immer dann geeignet, wenn sich unangemeldeter Besuch einfindet, denn die Zubereitung dauert nicht viel länger als 30 Minuten. Als Belag können Sie gerade das verwenden, was sich in Ihrer Vorratskammer findet.

Pfirsich-Sahne-Biskuit

BISKUIT MIT OBST & SAHNE

Zutaten

für einen 18-cm-Tortenring

Für den Teig:
25 g Butter
50 g Zucker
2 Eier Größe L
25 g Speisestärke
25 g Weizenmehl Type 405
1 Prise Salz

Für die Füllung:
1/8 l Milch
100 g Zucker
2 Eigelb
etwas abgeriebene Zitronenschale
5 Blatt Gelatine
250 g Quark
250 ml süße Sahne
1 kleine Dose Ananasstücke

Zum Verzieren:
Puderzucker

Zubereitung

1. Den Backofen auf 180° C, Umluft 160° C, Gas Stufe 2 vorheizen. Die Ananasstücke abschütten und in einem Topf mit Wasser ca. zwei Minuten aufkochen. Danach wiederum durch ein Sieb gießen und gut abtropfen lassen. Die Gelatine in kaltem Wasser einweichen.

2. Die Eier zusammen mit dem Zucker und einer Prise Salz im heißen Wasserbad mit den Schneebesen des Handrührgerätes fünf Minuten schaumig schlagen.

3. Das Mehl und die Speisestärke in eine Schüssel sieben. Die Butter bei schwacher Hitze schmelzen, sie darf nicht zu heiß sein. Die Mehlmischung in die Eiermasse geben und unter Rühren die Butter in einem dünnen Strahl dazufließen lassen.

4. Den Tortenring auf ein mit Backpapier belegtes Blech stellen und den Biskuitteig einfüllen. Gleich in den Backofen schieben und ca. 20–25 Minuten backen.

5. Nach Ablauf der Backzeit herausnehmen, 10 Minuten ruhen lassen, dann den Biskuit aus dem Ring lösen und zum Abkühlen auf ein Kuchengitter legen. Wenn der Tortenboden ausgekühlt ist, ihn einmal quer durchschneiden.

6. Für die Füllung zunächst die Milch aufkochen. Die Eigelbe mit Zucker und Zitronenschale sehr schaumig schlagen und die Milch unter Rühren mit dem Handrührgerät in einem dünnen Strahl dazufließen lassen. Zurück in den Topf füllen und bei schwacher Hitze weiter unter ständigem Rühren erhitzen, bis die Masse zu einer Creme eindickt. Den Topf vom Herd ziehen, die ausgedrückte Gelatine und den Quark einrühren. Die Sahne steif schlagen und unter die Creme heben.

7. Den Tortenring auf einen Teller legen, einen Boden hineinlegen und etwas Creme darauf verteilen. Die Ananasstücke darauf geben und mit der restlichen Creme übergießen. In den Kühlschrank stellen und mindestens 3–4 Stunden fest werden lassen. Vor dem Servieren aus dem Tortenring lösen, den zweiten Boden darauf legen und mit Puderzucker bestäuben.

Ananas-Käsesahne-Torte

BISKUIT MIT OBST & SAHNE

Zutaten

für einen 18-cm-Tortenring

Für den Teig:
25 g Butter
50 g Zucker
2 Eier Größe L
25 g Speisestärke
25 g Weizenmehl Type 405
1 Prise Salz
15 g Kakao

Für die Füllung:
400 ml süße Sahne
10 g Kakao
1 Päckchen Vanillezucker
2 Päckchen Sahnesteif
2 kleine Dosen Birnen

Zum Verzieren:
Deko-Schokoladenblätter
Raspelschokolade

Zubereitung

1. Den Backofen auf 180° C, Umluft 160° C, Gas Stufe 2 vorheizen. Die Birnen abschütten und gut abtropfen lassen. 4–5 schöne Spalten für die Dekoration beiseite stellen.

2. Die Eier zusammen mit dem Zucker und einer Prise Salz im heißen Wasserbad mit den Schneebesen des Handrührgerätes fünf Minuten schaumig schlagen.

3. Das Mehl, die Speisestärke und den Kakao in eine Schüssel sieben. Die Butter bei schwacher Hitze schmelzen, sie darf nicht zu heiß sein. Die Mehlmischung in die Eiermasse geben und unter Rühren die Butter in einem dünnen Strahl dazufließen lassen.

4. Den Tortenring auf ein mit Backpapier belegtes Blech stellen und den Biskuitteig einfüllen. Gleich in den Backofen schieben und ca. 20–25 Minuten backen.

5. Nach Ablauf der Backzeit den Biskuit ca. 10 Minuten ruhen lassen, dann aus dem Ring lösen und zum Abkühlen auf ein Kuchengitter legen. In der Zwischenzeit die Sahne mit Sahnesteif, Vanillezucker und Kakao steif schlagen. Einen Teil davon für die Verzierung in einen Spritzbeutel füllen.

6. Wenn der Tortenboden gut ausgekühlt ist, ihn zweimal quer durchschneiden. Den unteren Boden mit etwas Sahne bestreichen und mit den Birnen belegen. Den zweiten Boden darauf legen und wiederum mit Sahne bestreichen. Zum Schluss den dritten Teil darauf setzen und die Torte rundherum mit der restlichen Sahne bestreichen.

7. Den Rand der Torte mit Raspelschokolade bestreuen. Mithilfe des Spritzbeutels die Torte unregelmäßig verzieren und mit Birnenspalten und Schokoladenblättern belegen.

Schokoladen-Birnentorte

BISKUIT MIT OBST & SAHNE

Zutaten

für einen 18-cm-Tortenring

Für den Teig:
25 g Butter
50 g Zucker
2 Eier Größe L
25 g Speisestärke
25 g Weizenmehl Type 405
1 Prise Salz

Für die Füllung:
400 ml süße Sahne
1 Päckchen Vanillezucker
2 Päckchen Sahnesteif
1 Hand voll Erdbeeren

Zum Verzieren:
Deko-Schokoladenornamente
Raspelschokolade

Zubereitung

1. Den Backofen auf 180° C, Umluft 160° C, Gas Stufe 2 vorheizen. Die Erdbeeren waschen und putzen. Vier schöne Exemplare für die Dekoration beiseite stellen.

2. Die Eier zusammen mit dem Zucker und einer Prise Salz im heißen Wasserbad mit den Schneebesen des Handrührgerätes fünf Minuten schaumig schlagen.

3. Das Mehl und die Speisestärke in eine Schüssel sieben. Die Butter bei schwacher Hitze schmelzen, sie darf nicht zu heiß sein. Die Mehlmischung in die Eiermasse geben und unter Rühren die Butter in einem dünnen Strahl dazufließen lassen.

4. Den Tortenring auf ein mit Backpapier belegtes Blech stellen und den Biskuitteig einfüllen. Gleich in den Backofen schieben und ca. 20–25 Minuten backen.

5. Nach Ablauf der Backzeit den Biskuit ca. 10 Minuten ruhen lassen, dann aus dem Ring lösen und zum Abkühlen auf ein Kuchengitter legen. In der Zwischenzeit die Sahne mit Sahnesteif und Vanillezucker steif schlagen. Einen Teil davon für die Verzierung in einen Spritzbeutel füllen.

6. Wenn der Tortenboden gut ausgekühlt ist, ihn zweimal quer durchschneiden. Den unteren Boden mit etwas Sahne bestreichen und die Hälfte der klein geschnittenen Erdbeeren darüber geben. Den zweiten Boden darauf legen, wiederum mit Sahne bestreichen und mit Erdbeeren belegen. Zum Schluss den dritten Teil darauf setzen und die Torte rundherum mit der restlichen Sahne bestreichen.

7. Den Rand der Torte wellenförmig mit Raspelschokolade bestreuen. Mithilfe des Spritzbeutels Sahnetupfer obenauf setzen und abwechselnd mit einer Erdbeere und einem Schokoladenornament verzieren.

Erdbeer-Sahnetorte

BISKUIT MIT OBST & SAHNE

Zutaten

für einen 18-cm-Tortenring

Für den Teig:
25 g Butter
50 g Zucker
2 Eier Größe L
25 g Mehl Type 405
25 g Speisestärke
1 Prise Salz
2 TL Kakao

Für die Füllung:
1/2 Glas Schattenmorellen
1–2 TL Speisestärke
400 g süße Sahne
2 Päckchen Sahnesteif
1 Spritzer Kirschwasser

Zum Verzieren:
8 Kirschen
geraspelte Blockschokolade

Zubereitung

1. Den Backofen auf 180° C, Umluft 160° C, Gas Stufe 2 vorheizen. Die Kirschen abschütten, dabei den Saft auffangen. 8 Kirschen für die Dekoration beiseite stellen.

2. Die Eier zusammen mit dem Zucker und einer Prise Salz im heißen Wasserbad mit den Schneebesen des Handrührgerätes fünf Minuten schaumig schlagen.

3. Das Mehl, die Speisestärke und den Kakao in eine Schüssel sieben. Die Butter bei schwacher Hitze schmelzen, sie darf nicht zu heiß sein. Die Mehlmischung in die Eiermasse geben und unter Rühren die Butter in einem dünnen Strahl dazufließen lassen.

4. Den Tortenring auf ein mit Backpapier belegtes Blech stellen und den Biskuitteig einfüllen. Gleich in den Backofen schieben und ca. 20–25 Minuten backen.

5. Nach Ablauf der Backzeit den Biskuit ca. 10 Minuten ruhen lassen, dann aus dem Ring lösen und zum Abkühlen auf ein Kuchengitter legen. Wenn der Tortenboden gut ausgekühlt ist, ihn zweimal quer durchschneiden. In der Zwischenzeit 1/8 l Kirschsaft mit der Speisestärke in einem Topf verrühren, die Kirschen dazugeben und einmal aufkochen lassen, bis die Früchte etwas gelieren. Den Topf vom Herd nehmen und gut abkühlen lassen.

6. Die Sahne mit Sahnesteif und Kirschwasser steif schlagen. Einen Teil davon für die Verzierung in einen Spritzbeutel füllen. Den unteren Boden mit etwas Sahne bestreichen und mit den Kirschen belegen. Den zweiten Boden darauf legen und wiederum mit Sahne bestreichen. Zum Schluss den dritten Teil darauf setzen und rundherum mit der restlichen Sahne bestreichen.

7. Mithilfe des Spritzbeutels die Torte mit Sahnetupfen verzieren und die Kirschen darauf setzen. Rundherum mit der geraspelten Blockschokolade bestreuen.

Schwarzwälder Kirschtorte

BISKUIT MIT OBST & SAHNE

Zutaten

für ein Backblech

Für den Teig:
30 g Butter
60 g Zucker
1/2 Päckchen Vanillezucker
2 Eier Größe L
25 g Speisestärke
35 g Weizenmehl Type 405
1 Prise Salz
2 EL heißes Wasser

Für die Füllung:
400 ml süße Sahne
15 g Zucker
2 Päckchen Sahnesteif
225 g Pfirsiche aus der Dose

Zum Verzieren:
Schokoflocken

Zubereitung

1. Den Backofen auf 180° C, Umluft 160° C, Gas Stufe 2 vorheizen. Die Pfirsiche abschütten und gut abtropfen lassen.

2. Die Eier zusammen mit dem Zucker, dem Vanillezucker, einer Prise Salz und dem heißen Wasser mit den Schneebesen des Handrührgerätes fünf Minuten schaumig schlagen.

3. Das Mehl und die Speisestärke in eine Schüssel sieben. Die Butter bei schwacher Hitze schmelzen, sie darf nicht zu heiß sein. Die Mehlmischung in die Eiermasse geben und unter Rühren die Butter in einem dünnen Strahl dazufließen lassen.

4. Ein Backblech mit Backpapier auslegen, den Teig darauf geben und ca. 15–20 Minuten backen.

5. Nach Ablauf der Backzeit vom Blech direkt auf ein feuchtes Geschirrtuch ziehen. In der Zwischenzeit die Pfirsiche würfeln, ein paar schöne Spalten für die Dekoration beiseite legen.

6. Die Sahne mit Sahnesteif und Zucker steif schlagen. Einen Teil davon für die Verzierung in einen Spritzbeutel füllen. Die Pfirsichwürfel zur einen Hälfte der Sahne geben und unterheben. Den Biskuitboden umdrehen, das Backpapier abziehen und den Boden mit der Pfirsichsahne bestreichen. Mithilfe des Geschirrtuches den Boden aufrollen. Danach auf eine Platte legen und mit der restlichen Sahne verzieren. Zum Schluss mit den Pfirsichspalten und Schokoflocken dekorieren.

TIPP

Ganz besonders lecker wird diese Biskuitrolle auch, wenn man Erdbeeren für die Füllung verwendet.

Pfirsichrolle

BISKUIT MIT OBST & SAHNE

Zutaten

für zwei Tortenringe à 18 cm

Für den Teig:
50 g weiche Butter
50 g Zucker
1/2 Päckchen Vanillinzucker
2 Eigelb Größe L
65 g Mehl Type 405
1 TL Backpulver
10 ml Milch

Für den Eischnee:
2 Eiweiß Größe L
100 g Zucker
30 g Mandelblättchen

Für die Füllung:
250 ml süße Sahne
1 Päckchen Sahnesteif
1/2 Päckchen Vanillinzucker
1 kleine Dose Mandarinen

Zubereitung

1. Den Backofen auf 180° C, Umluft 160° C, Gas Stufe 2 vorheizen. Die Mandarinen abschütten und gut abtropfen lassen. Die beiden Tortenringe auf ein mit Backpapier belegtes Blech legen.

2. Die Butter, den Zucker und den Vanillinzucker mit den Schneebesen des Handrührgerätes schaumig schlagen. Die Eigelbe nach und nach hinzufügen.

3. Das Mehl in eine Schüssel sieben, mit dem Backpulver vermischen und zum Teig geben. Die Milch dazugießen und alles zu einem glatten Teig rühren. Die Eiweiße mit dem Zucker zu steifem Schnee schlagen.

4. Die Teigmenge halbieren und in die Tortenringe verteilen. Das steif geschlagene Eiweiß darauf streichen und mit den Mandelblättchen bestreuen. Das Blech in den Backofen schieben und ca. 20 Minuten backen.
Die Böden sollten leicht gebräunt, aber nicht dunkel werden.

5. Nach Ablauf der Backzeit das Blech aus dem Ofen nehmen, 10 Minuten ruhen lassen, dann die Böden aus den Ringen lösen und zum Abkühlen auf ein Kuchengitter setzen.

6. Die Sahne mit Sahnesteif und Vanillezucker steif schlagen. Den ersten Boden auf einen Kuchenteller legen, etwas Sahne darauf streichen, mit den Mandarinen belegen und die verbliebene Sahne darüber geben.

7. Den zweiten Boden gleich in die entsprechende Anzahl der Tortenstücke schneiden und einzeln obenauf legen.

Berliner Luft